LONDINDI
Poeta

Chicamba

Grosvenor House
Publishing Limited

All rights reserved
Copyright © Chicamba, 2017

The right of Chicamba to be identified as the author of this
work has been asserted in accordance with Section 78
of the Copyright, Designs and Patents Act 1988

The book cover picture is copyright to Chicamba

This book is published by
Grosvenor House Publishing Ltd
Link House
140 The Broadway, Tolworth, Surrey, KT6 7HT.
www.grosvenorhousepublishing.co.uk

This book is sold subject to the conditions that it shall not, by way of
trade or otherwise, be lent, resold, hired out or otherwise circulated
without the author's or publisher's prior consent in any form of binding or
cover other than that in which it is published and
without a similar condition including this condition being imposed
on the subsequent purchaser.

A CIP record for this book
is available from the British Library

ISBN 978-1-78623-837-5

CONTEÚDO

INTRODUÇÃO vii

1 – VENDEDOR DE RUAS 1
2 – VALORES...3
3 – O SEMBA DE ANGOLA N°1.......................................5
4 – O SEMBA DE ANGOLA N°2.......................................6
5 – O SEMBA DE ANGOLA N°3.......................................8
6 – O SEMBA DE ANGOLA N°4.......................................9
7 – CAPÓEIRA DE ANGOLA N°1...................................11
8 – CAPÓEIRA DE ANGOLA N°2...................................12
9 – CAPÓEIRA DE ANGOLA N°3...................................13
10 – CAPÓEIRA DE ANGOLA N°4.................................14
11 – MOEDA DE ANGOLA N°1......................................16
12 – MOEDA DE ANGOLA N°2......................................18
13 – A NATUREZA N°1..20
14 – A NATUREZA N°2..22
15 – A NATUREZA N°3..23
16 – FUGIA A GUERRA N°1 25
17 – FUGIA A GUERRA N°2 26
18 – FUGIA A GUERRA N°3 28
19 – AS ETNIAS N°1..30
20 – AS ETNIAS N°2..32
21 – AS ETNIAS N°3..34
22 – MINHA ETNIAS N°1...36
23 – MINHA ETNIAS N°2...38
24 – MINHA ETNIAS N°3...40
25 – VIVA ANGOLA N°1 41
26 – VIVA ANGOLA N°2 43

27 – VIVA ANGOLA N°3 45
28 – ISOLAMENTO N°1 47
29 – ISOLAMENTO N°2 48
30 – ISOLAMENTO N°3 50
31 – ISOLAMENTO N°4 52
32 – AS HERANÇAS N°1 54
33 – AS HERANÇAS N°2 56
34 – AS HERANÇAS N°3 58
35 – LUTA COLONIAL N°1 60
36 – LUTA COLONIAL N°2 62
37 – LUTA COLONIAL N°3 64
38 – LUTA COLONIAL N°4 66
39 – LUTA COLONIAL N°5 68
40 – LUTA COLONIAL N°6 70
41 – LUTA COLONIAL N°7 72
42 – OS GRITOS N°1 73
43 – OS GRITOS N°2 74
44 – OS GRITOS N°3 76
45 – ÁGUA N°1 77
46 – ÁGUA N°2 79
47 – ÁGUA N°3 81
48 – ÁGUA N°4 83
49 – ÁGUA N°5 85
50 – ST (SERVIÇO DA TROPA) N°1 86
51 – ST (SERVIÇO DA TROPA) N°2 88
52 – ST (SERVIÇO DA TROPA) N°3 90
53 – AS RUSGAS N°1 92
54 – AS RUSGAS N°2 93
55 – AS RUSGAS N°3 94
56 – AS RUSGAS N°4 95
57 – AS RUSGAS N°5 96
58 – AS RUSGAS N°6 97
59 – AS RUSGAS N°7 98
60 – AS RUSGAS N°8 99
61 – AS RUSGAS N°9 100
62 – AS RUSGAS N°10 102

63 – AS RUSGAS Nº11..104
64 – AS RUSGAS Nº12..106
65 – A REAL HISTORIA Nº1...108
66 – A REAL HISTORIA Nº2...110
67 – A REAL HISTORIA Nº3...111
68 – A REAL HISTORIA Nº4...113
69 – A REAL HISTORIA Nº5...114

INTRODUÇÃO

A tristeza vivida pelos antempassado no tempo colonial, como escravidão fez varios filhos da minha terra Angola, registraram alguns acontecimentos em musicas, teatros e livros. Dr. António Agostinho Neto, lastimava no fundo do seu coração as dores vivida em poesias, na qual vi a necessidade de fazer o mesmo no meu tempo. Espero o povo Angolano, venham entender futuramente como Angola viveu desde 1975 até o momento da publição dos meus livros.

Contudo, as humilhações do MPLA para com povo Angolano, obriga-nos aceitar tudo e todos. Neste caso, venho do fundo do meu coração, partilhar mais uma vez o sofrimento do povo Angolano, infelizmente na administração do MPLA desde 1975.

Neste livro consta sessenta e nove poesias que são minhas obras e falo sobre o que Angola viveu, está a viver e que o mundo não tem força de terminar.

Mais uma vez digo, vivemos na corrupção com as consequências da guerra, vimos governantes corruptos e com o mundo por perto.

Contudo, a minha decisão foi colocar todos estes eventos em forma de poesias, a realidade da vida, para valorizarmos a nossa terra e mostrar ao mundo o nosso cânon.

A história é nossa antes do colono chegar e depois de colono deixar Angola; na qual vários nomes de políticos, cantores e escritores, que constam neste livro, eles fazem parte da nossa historia.

Também, consta neste livro nomes de famosos mundiais que espero não se incomodarem ao ver o seu nome, porque este é meu ponto de vista. É o meu prazer dar a conhecer ao mundo a obra da nova geração Angolana, pesa embora da cor como somos julgado, somos inteligentes e foi oferecido por Deus.

Dr. Jonas Malheiro Savimbi, fundou o partido chamado União Nacional para Independência Total de Angola (UNITA). O senhor Holden Álvaro Roberto, fundou o partido chamado Frente Nacional de Libertação de Angola (FNLA) e o Dr. António Agostinho Neto, não fundou nada! Apenas foi o presidente do Partido Movimento Popular de Libertação de Angola (MPLA).

MPLA foi fundado pelos portugueses brancos para proteger as suas riquezas em Angola.

1

VENDEDOR DE RUAS

Fui criança
vendedor das
ruas da vida.

Vendedor de
petroléo nas
garrafas.

Nas garrafas
em Benguela!

Vendedor nas
ruas de Luanda.

Vendedor e
pentiado pelos
policias que
também lutam pela
sobrevivencia!

Não arrependo-mim
de nada,

CHICAMBA

de nada
arrependo-mim,
sim!

Arrependo-mim
os esforço do
dia 15 de
Janeiro de 1975.

Arrependo-mim
os esforço do Neto,
Roberto e Savimbi.

Arrependo-mim
os esforço para
conquistar Angola.

2
VALORES

Arrependo-mim
das vidas
inocêntes que
o Salazar
consumiu.

Dos repatriado
nativos quando
a vida por vez
é curta.

Angola!
Hoje não
valorizamos os
mesmos
sofredores
Angolano,

Aos mesmos
sefredores
Angolano
perguntam!

A eleição
presidêncial
de 1975.

CHICAMBA

Aos mesmos
sefredores
Angolano
perguntam!

A eleição
presidêncial
de 1975.

Aos mesmos
sefredores
Angolano
perguntam!

A eleição
presidêncial
de 1975.

3
SEMBA DE ANGOLA N°1

Angola,
no mesmo dia
parei no Brazil.

No terrerão do
Samba vindo
do Semba
que você nasceu.

Angola,
você nasceu
o Samba.

Vindo do Semba
que os escravos
recordavam
a mãe Africa.

A mãe Africa
recordei
também.

Que não sei
dançar
nenhuma
dança do
universo.

4
SEMBA DE ANGOLA N°2

Universo
porquê! Não
essinou-mim
a dançar?

Comigo na
dança do mesmo
dia vinha o
frio e o calor.

com o vento
vinha o cheiro da
paz em Angola.

Obrigado Dos
Santos por dar
o que Savimbi
prometeu ao
mundo.

Vinha dormir
na viaja
rumo as novas
energia.

CHICAMBA

Ao acordar
estava nas belas
montanhas de
Agras-dos-Reis.

Igual aos seios
das mulheres
Africana.

5

SEMBA DE ANGOLA N°3

No seio da
Samba com meu
destino
desviado
no sambodre.

Ao ver a cabeça
do Zumbi
dos Palmares.

O corpo que
nunca retornou
em Africa.

Eu procurei
restos mortais
em mim no semba.

Em mim nas
lagrimas do
rosto de Angola.

Jeova
desviar-mim
nos cantos
do Semba.

6

SEMBA DE ANGOLA N°4

Angola seus filhos
do semba no
samba.

Representar a
tradição Africana.

Martilho da Vila,
Sandra de Sá,
Joberto Gil,
Netinho,
Pelé e outro
filhos de Africa.

Que formam a
beleza Brazileira
vindo de Africa
acorrentado.

Ainda estou na
escravidão no
universo, Brazil!

Com belo hino
do Flamengo,
Sim!

CHICAMBA

Uma vez
Flemengo com
as cores do
sangue de Africa.

Que o Ti-Maya
não abri mão!

E deseja respeito,
Angola mais
respeito a vida.

7

CAPÓERA D'ANGOLA N°1

Angola,
no Brazil vi
o capóera.

Que você
nasceu sem
saber
practicar.

No Brazil vi
as tradições
Africana.

conservado no
meu espirito.

Brazil conservou
o meu espirito.

No morro da
mangueira,
vila do joão,
vila Isabel.

rumo a Baia
casa de Africa.

8

CAPÓERA D'ANGOLA N°2

No capóera
descansei
com Deus.

No capóera
descansei ao
ver os espiritos
de Africa.

Africa falava
com do Zumbi
dos Palmares.

No capóera
ganhei a
proteção
divina.

Que a vida
dizia dentro
de mim.

Tudo seria
possivel com
Zumbi dos
Palmares.

9

CAPÓERA D'ANGOLA N°3

Tudo com Zumbi
dos Palmares,
tudo é possivel.

No olhos de Deus
tudo é possivel
com os espiritos.

A terra viu as
maravilhas de
Africa no Brazil.

Que vinha com
a familia do
Zumbi Dos Palmares.

Filho de Angola
no outro lado
do oceano.

Filho legitimo
de Africa
tirado mais de
500 anos atráz.

10
CAPÓERA D'ANGOLA N°4

Zumbi dos
Palmares!
o Zumbi está
vivo eu vi!

Sempre estará
vivo no Terrerão
do Samba.

No central do
Brazil Brazileiro.

Do Semba para
samba do meu
coração depois
de 500 anos.

A historia
reconheceu-mim
no beijo das
filhas de Africa.

E acreditei que
foi a
parte espiritual.

CHICAMBA

O espirito
ofereceu a
conexão
humano.

Do meu berço,
obrigado Deus
pelo meu Brazil
também coração.

11
MOEDA DE ANGOLA N°1

Angola, tenho
o kwanza nas mãos.

Que sou obrigado
a gastar rapido
por causa do PIB.

Tenho o kwanza
nas mãos e não
paga a saúde.

Não satisfaz o
salário no rio
Kwanza.

Tenho o kwanza
nas mãos do
probre que aprecia
Assembleia
Nacional.

Porquê qem o
usa no mercado
da videira do
rio kwanza.

CHICAMBA

Tenho o kwanza
nas mãos criado
em Agosto de
1976 sem a UNITA
e FNLA.

Mesmo o kwanza
que não aceita o
meu valor.

valores de Angola
por ser Bantu.

12
MOEDA DE ANGOLA N°2

Tenho o kwanza
nas mãos que seus
filhos nunca usam.

No mercados da
vida, sim!
Na América.

Europa a espera
do rio kwanza
desaguar no
atlantico.

Tenho o kwanza
nas mãos que não
encontro nas
caixas bancarias.

Não encontro
no rio kwanza.

Tenho o kwanza

nas mãos na
Cimeira de
Mónbanza.

CHICAMBA

Em 1975 onde a
UNITA, FNLA e
o MPLA.

Esperavam velho
recnhecimento
iguais da eleição
na minha vida.

13
A NATUREZA N°1

Militares cuidado
que os olhos da
natureza vejam
tudo.

Os olhos da
natureza um
dia irá cobrar-lhe
o sofrimento
de Angola.

Militares cuidado
que os olhos da
natureza vai
cobrar as
ingratidão humano.

Militares Cuidado!
Os olhos da
natureza tornou-te
alto governante hoje.

Deputado pelos
sofrimento nas
matas

CHICAMBA

que passamos
ambos.

Hoje longe dos
colegas das matas
porque esta
mutilados
nas ruas nacional.

Militares cuidado!
todos somos filhos
do universo.

14
A NATUREZA N°2

Militares cuidado
que os olhos
de Angola.

Vi o velho
Rui Mingas
com as crianças
do Huambo.

E acreditou que
as estrelas são
sim do povo.

Militares
cuidado!
Tinha tantas
lagrimas nas ruas.

Sem saber o fim
rezava para
nunca anoitecer.
Para vender bem
as minhas gasosas.

Militares cuidado!
As ruas de Angola
estam seus colegas
das matas vivida.

15
A NATUREZA N°3

militares cuidado
com o chao que
voce pisa.

Pisas no sangue
do povo Angolano.

A FNLA e UNITA
assassinado por
você MPLA.

Mulitares cuidado!
As doenças não
permite chegar a
tempo nos
hospitais do mundo.

Sim!
Eduardo Paim
clientes chato
também aturei.

Nas da vida
que numa bela
sexta-feira
depois de
muita zungá.

CHICAMBA

Sim!
Eduardo Paim,
clientes chatos
também aturei
nas ruas de Luanda.

Militares Acreditam!
Viajei na Sexta-feira
que ninguém
contraria.

o seu regime
que vejo nos
olhos da natureza.

16

FUGIA A GUERRA Nº 1

Procurei a vida
natural no
Bailundo.

Era azar nas
ruas do
Huambo.

Era azar que
deslizei até o Bié.

O Bié também
estava quente a
guerra.

A solução foi
Luanda,
não era eu.

Era Angola,
era Angola
dentro da

pequena Luanda.

17
FUGIA A GUERRA N°2

Procurei a vida
natural
em Benguela.

Sem saber o
fim da Guerra.

Que tornei o
seguidor da
água,
água a minha
religião.

Já mais existerá
um enviado a terra
não ser água.

Água para apreciar
as sedes do mundo,
lavar as manchas
de sangue.

Água nós humano
precuramos em
outros planetas.

Aquelas que
os militares
ocupavam os
rios nas matas.

Ocupavam para
safistafazer suas
sede nos rios.

18
FUGIA A GUERRA N°3

Procurei a vida
e encontrei-mim
com Deus.

Com Deus viu
os crocodillos
fugirem dos
homens dentro
dos rios.

Acredita Angola,
aceita Angola!

O poder foi
entregue aos
homens.

Perguntam ao
o MPLA.

Perguntam aos
senhores do
control e crianças
ontem.

CHICAMBA

Jovem ontem e hoje
velhos de Angola.

Que tem muitos
aos dizeres ali
no Eduardland
em Angola.

19
AS ETNIAS N°1

Angola, tenho
a tradição dos
Kwanyama;

Unida na etnia
Portuguesa.

Dividida na
Conferência
de Berlin.

Hoje vivo
distante da
minha
mitologia.

Destroida
pelos Arabic
em Africa
da vida.

Angola, tenho
a tradição do
N'dongo unida

CHICAMBA

Na etnia Grega
dividida na
Conferência
de Berlin.

Hoje vivo
distante dos
rios para
levar o chão.

20
AS ETNIAS N°2

Angola, tenho
a tradição da
vida na terra.

Onde os velhos
antepassados
tinha a raiz da
tradição Bantus.

Angola, tenho
a tradição
Tchokwé unida
na etnia Romana.

Dividida na
Conferência
de Berlim.

Hoje mergulho
na chuva para
tirar o sal do
corpo.

Estar vivo no
no reino do
Bailundo meu
Africano.

CHICAMBA

Angola, tenho
a tradição do
Congo unida na
etnia portuguesa.

21

AS ETNIAS N°3

Angola, tenho
a tradição das
terras Africanas.

Dividida na
Conferência
de Berlin.

Hoje vivo fora
do Congo com
a cultura viva.

no Congo negado
pelo N'dongo no
control da vida
partidários.

Angola, tenho
a tradição
Mucubai unida
na etnia
portuguesa.

dividida na
Conferência
de Berlin.

CHICAMBA

desde 1885 nas
forças unidas
imeprial Africa.

Da Asia criado a
minha divisão
cultural.

22

MINHA ETNIAS N°1

Angola, tenho
a tradição
Mumuilas.

unida na
etnia
portuguesa.

Dividida
na Conferência
de Berlin.

Que hoje
quando desejo
relembrar o
mundo nega.

Que mundo nao
aceita!
Mais aceita
relembrar o
Adolfo Hitler

Filhos da etnia
Romana na terra.

CHICAMBA

Angola, tenho
a tradição
Fiote.

Unida na etnia
Portuguesa
e dividida na
Conferência de
Berlin.

23
MINHA ETNIAS N°2

Hoje meu cardiaco
ilumina o escuro
Europeio confuso
entres os Grego.

Arabic
Romano e
Africanos
civilizado
na vida.

Angola, tenho
a aquela vida a
Zungar e fungir
dos policiais
de Africa.

Fungirem
na esquina
da vida.

Relembrar o
Diábik
com a nação
Angolana.

CHICAMBA

Felipe Mukenga
dizendo
eu venho falar.

Nós temos que
falar a realidade
de Angola.

24

MINHA ETNIAS Nº3

Angola, eu venho
falar do MPLA.

Para estar vivo
no mundo
corrupto, não!

Angola, eu venho
falar da
tradição.

Angola, eu venho
falar ainda da
escravidão.

Não teve força
de arrancar
em Afringola.

Cantores
Angolano
eu venho falar
com as forças das
suas juventudes.

Com o amor a vida
que guerra não
teve força de
receber da nossa
mitologia.

25
VIVA ANGOLA N°1

Viva Angola,
Angola viva
com as armas.

Armas quente
nas mãos.

Que não posso
largar pelo
amor a vida.

Não posso
falar pelo
amor vida.

Mais posso
ficar calado
apreciar as
lingua nativa no
passatempo.

Quando Deus
confundiu a terra.

Confundiram-nós
a guerra e hoje
confuso no social.

CHICAMBA

Social dentro
da minha vida.

Inocêntes vidas
Angolana.

26
VIVA ANGOLA N°2

Angola viva
que preciso
de armamentos.

Quem não tem
armamentos
não é nada
neste planeta.

Viva Angola
com o mundo
investir em armas.

Para consumir
aquelas vidas.

Aquelas vidas
dissidentes.

Militares com
vida dissidentes

da guerra meus
irmãos.

CHICAMBA

Meus irmãos,
nossos hospede
em casa.

Mergulhava nas
linguas nativa,
viva Angola.

Viva Angola,
Angola viva
quem tem o
poder é o
vencedor da vida
proclamada.

Vida da vinda da
independência
social nos Bantus
independentes.

Que encontrou-mim
sem valores no social
Bantus de Africa.

27
VIVA ANGOLA N°3

Minha mãe,
meu espirito
alertava do
distino no meu
espirito.

Já sabia do
filho
Congo de Angola.

Filhos do N'dongo
de Angola,
filhos
Bailundo de Angola.

Já sabia dos filhos
que o filhos
N'dongo venceria
a guerra de Angola.

Já sabia do dia
15 de Janeiro

de 1975 sem
valores da Angola.

CHICAMBA

Já sabia das
nossas vidas
viva Angola.

Angola viva
nossas flores.

Flores amado
de Angola que
ainda vivem
guerra social
que fez meu pai.

Pais Angolanos
como Difuila andar
a pé até a fronteira
do Congo.

Mais não foi o
unico na minha
história de Angola,
viva Angola.

28

ISOLAMENTO N°1

Vivo isolado
Cabinda.

Fechado por
dois Congo,
vivo atráz da
liberdade.

De Cabinda
ao Cunene.

Cabinda sou
do Congo,
Congo parte
de Angola.

De Cabinda
ao Cunene.

Três seixo para
acentar a
minha panela.

De Cabinda
ao Cunene.

Panela de
barro no
isolamento
do Congo.

29

ISOLAMENTO N°2

De Cabinda
ao Cunene.

Com força da
liberdade.

Protestar no
norte e banhado
pelas
riquezas do
atlantico.

De Cabinda
ao Cunene.

Que viu seus
filhos carregado
pelo mundo.

De Cabinda
ao Cunene.

Carregados pelo
resto do mundo.

CHICAMBA

Mundo cheguei,
cheguei varias
vezes apreciei
a vida.

De Cabinda
ao Cunene.

30
ISOLAMENTO N°3

Nos movimentos
migratorias
na maré com o
sol ardente.

De Cabinda
ao Cunene.

Isolado nos
cantos de
Angola.

Cabinda você
não é o unico!

Sou o filho
Cabindense.

Que na falta
de teto deseja
liberdade.

De Cabinda
ao Cunene.

CHICAMBA

Liberdade para
todos! Todos
desejamos Angola.

Não beira de
sangue por
derramar.

31

ISOLAMENTO N°4

Liberdade também
desejo-mim o meu,
o meu!

Aquela oferecido
por Deus quando
formou o primeiro
espirito Lucifer.

Hoje o mano Lucifer
isolado igual a você.

Sem liberdade
de Cabinda
ao Cunene.

Liberdade do
espirito para
oferecer a velha
liberdade Deus.

Eu vejo sempre a
liberdade das
imagem de Deus.

CHICAMBA

Abandonado por
jovens Bantus
na prisão.

Mais Bantus na
prisão que
outros povos,
porquê Bantus?

32

AS HERANÇAS N°1

Angola,
vivo a propria
herenças com
as riqueza da vida

Que os homens
nunca vivem
satisfeitos.

Satisfeito estou
com a minha
herença epidémico
nas poesias
no meu espirito.

Vivo a propria
herença que
nunca haverá
mais grandes
homens ideologico.

Ideologico foi Jesus
Christo,
profeta Mhomend.

CHICAMBA

Madume!
Eu sou
ideologico.

Nunca haverá
boa
educação vividas.

33

AS HERANÇAS N°2

Nunca haverá a
verdadeira paz
entres viventes.

Nunca teve
paz na terra
das riquezas.

Eu satisfeito
com a minha
herença poetica.

Heranças
poetica eu
vivo a propria
herenças.

No meio das
riqueza vivas.

a riquezas faz
as vidas em
guerras.

CHICAMBA

As vida lutam
para colocar
suas regras.

Sempre haverá
lutas atráz de
oportunidade.

34

AS HERANÇAS N°3

Sempe haverá
vencedores e
vencedores.

Vencedores
ditaram suas
regras em
Angola.

Educação vivida
com a minha
herença
epidemica nas
poesias.

Minha propria
herença vivida.

Angola chega
de guerras.

Angola dita bem
a vida na paz.

Todos somos os
verdadeiros
vencedores.

CHICAMBA

Por apenas um
nada, nada fazer
na espera algo
um dia.

Um dia que
chega sem
menos esperar
no poemas
de Angola.

35

LUTA COLONIAL N°1

Angola,
não foi o MPLA
que começou
a reclamar a
independência.

Angola foram
os povos
Bacongos.

Através do
vizinho Congo.

Foram os velhos
Bacongos
através de varios
movimentos
independentistas.

Vinha o MPLA,
UNITA e FNLA.

Estava em
formação o
MPLA.

CHICAMBA

Vinha a UPNA
para os povo do
norte de Angola.

Eu do sul Angola,
onde fico Angola!

36

LUTA COLONIAL N°2

Porquê só do
norte se somos
todos Bantús de
Angola!
Sou filho do sul.

Angola onde
fica meus
braços do
Ngola-Kiluanje
que negocio-mim.

Angola foi fatal
para outros
reinos.

A sua decisão
distante do
reino Bacongo,
O'vimbundo
e outros!

Reinos do
Congo perdeu a
luta.

CHICAMBA

A luta colonial
o reino dos
vencedores.

As duas luta o
reino do
Bailundo perdeu.

O Bailundo
perdeu as lutas.

37

LUTA COLONIAL N°3

Reino do N'gola
Kiluanje e o
colono venceram.

No mundo da
ambições humana
dentro do
tribalismos
de Angola.

Não foi a UNITA o
culpado da guerra.

Não foi a FNLA
culpado da guerra.

sim!
As ambições
da vida Romanas
nas veias Bantus.

Sim! A Biblia
que tem os seus
conhecimento e
dos homens
igual a Deus.

CHICAMBA

Com os espiritos
dos ouros.

Bronze e pratos
sem falar do
diamantes e
petroleo.

No meu quintal
de Angola.

38

LUTA COLONIAL N°4

Angola,
não foi o MPLA
culpado da
guerra.

Sim!
Foi educação
dos reinos Bantús.

Com varios
problemas
regionais.

Que fez os
Bacongos dizer
os unico
que lutam pela
Angola,
sem eu ali no sul.

Angola,
o N'gola-Kiluanje
venceu a
guerra com Neto.

CHICAMBA

Salazar influênciou
com sua pressão
humanas no Neto
que levou-lhe
a morte.

39

LUTA COLONIAL N°5

Na solução
do
Salazar os
reinar de
Angola.

Os reinos
foram
obrigado
aceitar a
cultura Romana.

A cultura
fez cada
reino deixar
seu
filho no poder.

Poder que
Deus
ofereceu a
Jesus
depois da
sua morte.

CHICAMBA

Dos Santo
vai sim!
Deixar
seu filho.

Ele mereci
e nós
Merecemos.

40
LUTA COLONIAL Nº6

Deus deixou o
poder
no seu unico
filho.

Filho!
Jesus e os
homens
vivem em
guerra.

Procuram do
seus pais
original na
guerra.

Angola,
somos
filhos
de quem
criou o
planeta.

CHICAMBA

Sua cultura
do
N'gola-Kiluanje
foi mais rapido.

Tinhamos que
aceitar.

41

LUTA COLONIAL N°7

Angola
ceitei como
filho de
Deus Bantus.

Ali ao lado do
vencedores.

Das duas
guerras
de Angola.

Angola!
Aceitam.

Quem
tem o
poder de
deixar
seu
filho de Deus.

Deus o diga a
concórdia
da concorrência.

A confrontar
o realismo
divino nas
guerras.

42

OS GRITOS N°1

Os gritos por
liberdade.

Liberdade
fomos
atrás.

Liberdade
vamos
atrás com
os espiritos.

Libertadores que
já foi um dia.

Liberdade contra
o colonos.

Africanos já
gritaram
os gritos da
Liberdade.

já foi os gritos
de Africa.

Angola atráz
da liberdade.

Liberdade foi
gritos de Africa.

43

OS GRITOS N°2

Liberdade ficou
os gritos de Africa
com balas quem
os grita.

A terra prensenciou
meus gritos em
linguas Bantús!

Gritamos
e o mundo ficou
sem entender.

Que não pode
fazer nada
porque as linguas
Kicongo
Umbundo
Kimbundo
Tchokwé
Ganguela
Lunhaneka e o

Fiote o mundo
não reconheceu.

CHICAMBA

sim!
Reconheceu o
Português.

Ninguém com
gritos igual das
balas que cruzam
as terras Africa.

Que passeiam
nas ruas das
linguas criado
por Deus.

44

OS GRITOS N°3

Vivemos
a morte
silencioso
nos gritos.

Que
dispertam
atenção do amor.

O amor criador
por Deus.

O amor em
nossas linguas
Bantús.

O amor em
nossas terra.

Que sofremos
por falar bem
delas.

Elas as
mulheres
amadas de
Africa.

Com os
gritos
domêstica.

45
ÁGUA N°1

A guerra entornou
o meu
copo de água.

A guerra viu a
terra enxugar
a água que
poderia matar
sedes de Angola.

Na minha sede
engoliu-mim
as salivas das
guerras.

com valores das
guerras distante
do copo vazio.

E o mundo diz
que água está
acabar na terra.

vocês
acreditam!

Que faz
tempo que

CHICAMBA

água
acabou em
Angola.

Com tantos
rios.

Dizem que
água
vai acabar.

Que não
terá mais
chuvas.

Angola acredita,
tudo tem seu
tempo.

46
ÁGUA N°2

Angola os
rios vão
parar de entregar
água doce ao mar.

O mar que
recebi e nunca
satisfeito vai
secar!

Será quando
mijamos não
contribuimos
para reservas
de água no
subsoló da terra!

Angola,
Angola a nossas
vida ficará
complicado.

Angola temos
que parar de
mijar.

CHICAMBA

porque cada
vez
que mijamos.

Contribuimos
para vidas
vividas da terra.

Vidas de varias
flores na terra.

Que sempre
haverá
água.

Enquanto
existir
vidas no planeta
terra.

47
ÁGUA N°3

Angola
mesmo
na falta da
água.

Angola
consegue
mostrar
sua beleza.

Consegue
conquistar o
mundo nas
passarela.

Mostrar aquilo
que a guerra
não venceu.

Venceu as
mulheres de
Angola.

Na consciências
vencedoras.

CHICAMBA

Nas passarelas
enxugada por
lagrimas da vida.

Consciências
fez-mim
relembrar as
viagem atráz
da água.

Na falta da
Água que
Angola vivo.

48

ÁGUA N°4

Águas, com
meu vizinho.

Água na
infâncias da vida.

Obrigado Deus
pela memória.

Que fiz varias
valas,
fiz a vala do
rio Nilo e
velhos
gritaram não!

Fiz outra vala
no rio Zambeze a
tradição
gritou não!

Fiz outra vala
no aceano
atlantico e o mar
gritou não!

CHICAMBA

Talvéz sejá
pela distâncias.

Ou pelo sal na
água do mar.

Ou por o Zambezi
não
nascer em Angola.

49

ÁGUA N°5

Angola, o meu
coração
aceitou.

Aquela vala
do
rio Kwanza.

Com o príncipio
do Bié.

Forçado a
desaguar em
Luanda.

Com paisagem
no norte.

Rumo ao
Atlentico
de Angola.

Que viu seus
filhos
pelo mundo.

A procura da
sorte
da vida
perdida
em Angola.

50
ST (SERVIÇO DE TROPA) N°1

Militares fugiam
da ST.

Militares recebião
os negocios
de todos.

Na verdade
militares que
dizem
serem defensores
publico.

Militares fugia
da ST.

Militares com
o abandono
Deus.

Na selva quando
Fugiam do
príncipio da
terra criado
por Deus.

CHICAMBA

Fugiam da
maldade
militares na
Selva mental.

Na cidade a
guerra as
encontrou
com
medo da ST.

A consciência
militares na
maldade
familiares.

51

ST (SERVIÇO DE TROPA) N°2

Angola vitimas
dos militares,
militares frustados.

Frustrados com
quem os enviou
na vida militar.

Pontapiava as
pessoais sem
amor.

Seria bom
potapiar
a quem o
enviou
na vida militar.

A vida militar
de Angola.

Angola
eles foram
trainado para
ter
maldade não
amor.

CHICAMBA

Hoje vimos
os mesmos
militares.

Mutilados com
os espiritos
da maldade.

52
ST (SERVIÇO DE TROPA) N°3

Militares carregam
na consciência
maldade de Angola.

Angola, que pena,
eles foram
treinados para
terem coragem e
não amor.

O amor no
odio de Angola.

Amor, somos a
vitimas do
poder que as armas
no subsolo
Bantús.

Ficamos vitimas
dictatorial com
destino a vender
nas ruas.

Angola sem
direito humanos

CHICAMBA

e Dr nas ruas
nacional sem
emprego.

Encontramos
o dereito
no ocidente que
os sacos pretos.

Minha cor mostram
o cansaço da
violências humanas
vivida em
Africana.

53

AS RUSGAS N°1

Eu a paisana em
Benguela.

Fui parado e
tinha que
sentar no chão.

Não importava
as condições do
chão.

São ordem dos
militar vazios
da vida.

Minhas lagrimas
vinha com o frio
fechado.

Ambição de Deus
tirado nos
filhos de Angola.

54

AS RUSGAS N°2

Filhos de Angola
fechado nas
ambições da
guerra.

A vida humana
que vinha um
outro militar.

Enviado por Deus
olhou nos meus
olhos.

Banhado com
gotas de lagrimas.

Perguntou me
como esta a mãe!

E a familia da
vida em Angola.

55
AS RUSGAS N°3

Angola, Deus
tirou me as
palavras.

A vida do coração
respondeu vai
bem mano.

Mano levante-te
e vai pra casa
dizer a mãe
que cheguei.

Cheguei! Vinham
da vida militar do
caboledo.

Na hora certa
para livrar da
mancha de
sangue.

Mão dirigido pela
caminhada até as
esquina Deus.

56

AS RUSGAS N°4

Eu sou nas
esquinas que
Deus cuidado por
ele.

Para cuidar a ávo
que precisava
de me ao lado.

Ao lado da enxada
para lavrar a terra
em minha Angola.

A supresa da
terra oferecia
minas em véz
de batatas.

Ávo sentada
apreciar a panela.

Vazia no fogo
que negou outro
fogo de Angola.

57

AS RUSGAS N°5

Sem oportunidade
na propria
terra.

Fui parado posto
a espera do
carro militar.

para ir vida militar
na inocência.

A paisana nas
ruas quando
a vida abrangia.

absoluto na
vida militar
sem o meu
consentimento.

Tenho que
consentir os desejo
dos homens.

Ambicioso jovens
de formar
a vida.

58

AS RUSGAS N°6

Jovens de Angola
arrancado por
baixo da cama.

No teto porque
rejeitava
a vida militar.

Vai e vem a
vida humilhado.

de mim quando
o tempo
falava no tempo
da vida.

Reclamava ver
os jovens
espancado ao lado
das mães.

que Deus ordenou
a espremer
suas dores.

De mim quando
o tempo
falava no tempo
da guerra.

59

AS RUSGAS N°7

Angola as mães
apreciavam os
filhos rastejar
quilomtros
e
quilometro.

Porque rejeitava
a vida militar.

A caminho da
SRM
em Benguela.

A caminho de
alguma
provincia.

Onde perdeu
a caminho do
Mundo.

Angola por
vezes voltamos
como bagagem.

Restava ao
relembrar
os tempos de
criança.

60

AS RUSGAS N°8

Angola relembrava
nas ruas da vida.

O país em guerra
na altura.

Se altura permite
pelejar a idade
não
contraria na terra.

Se a idade permite
na
Altura por vezes
a idade contraria.

mais tem que ir
porque o país
esta em guerra.

Com Lucifer,
Jeóva e nos
viventes da
terra em Angola.

61

AS RUSGAS N°9

Foi apanhado,
julgado e jogado.

Fomos tratados
como animais
nos carros
militares.

Na falta dos
seus filho no
recanto
da paisagem
da vila.

Fui apanhado,
sorrente e
inocente com
a força de pelejar.

A mãe dizia
Filho;
ss armas gostam
d'vida.

CHICAMBA

Vidas mãe!
as armas não
tenhem amor.

Amor de
ninguém e
pior de mim.

62

AS RUSGAS N°10

As almas viventes
da terra são as
soluções.

A espera os
camiões do
Fonseca para
Um dia de
milhos torrado.

Acreditam!
Foi no bairro do
Cotel.

Onde
O Fonseca
alegrava a
pobreza de
Angola.

Angola Bom
dia,
Bom dia a velha
Mandioca.

CHICAMBA

As folhas da
batata e com
Folhas nós
sobrevivemos.

Com folhas as
familias
Angolana
sobrevivem.

63

AS RUSGAS N°11

Sim mãe!
Talvez mãe e
Nem sempre
mãe.

As armas faz
indigentes.

Mãe pode olhar
aqui na terra.

O poder das
armas na
Ocupação!

Ocupações!
de terras na
minha Angola.

Homens,
mulheres
e crianças.

CHICAMBA

Todos
trainados para
controlar a terra.

Em alguma
parte
de Angola.

64

AS RUSGAS N°12

Assim vimos
muitos
deixarem
suas infâncias e
suas familia.

Mãe! Já que
estas ali vai
conversar
com Lucifer
e Jeóva
se eles falam
de mim.

Porque aqui
Na terra em
Angola falam
Muito de mim.

Quem deseja
minha Angola
mal mãe!

CHICAMBA

As armas que
por vezes são
a solução
na minha Angola.

As armas humana
são solucão
diz o velho Japão.

Os Japoneses
sabem muito
bem da lição.

Com lições carnal
que tudo e todos
fugimos em
Camborja.

65

A REAL HISTORIA N°1

Este é a real
historia da
chegada bonita.

Jovens fugiam
com medo da
vida militar.

Era Angola que
fugia, mais os
gritos da chegada.

A chegada da
vida mostrava
que eram os
filhos de volta
aos braços
familias.

Este é a real
historia da
curiosidade.

Todos atráz da
verdadeira
historia da
vida militar.

Atráz de alguma
informações dos
Seus parentes.

66

A REAL HISTORIA N°2

Eu chorava pelas
minas na noticia
do irmão.

Este é a real
historia Angola!

Eram os kotas
que celebravam
suas chegada.

O amor linda da
chegada que
vimos as caras
familiares nos
seus braços
d'Angola.

Alguns Kotas
sem braços
forçavam seus
ombros Angola.

Este é a real
hisrtoria da
curiosidade da
verdadeira
historia de Angola.

67

A REAL HISTORIA N°3

Este é a real
Historia.

Ao saberem
que a natureza
ofereceu sua
mulher e filhos
para outro homem.

Este é a real
Historia.

A parte fisica
mais forte da
terra nós
vivemos forçada.

Este é a real
Historia.

Pela natureza
com o amor
perdido.

Este éa real
historia em
Angola.

CHICAMBA

No verdadeiro
desespero
alguns kotas
voltavam na
mata de disgosto.

Este é a real
historia no
disgosto por
culpa da
verdaeira historia.

68

A REAL HISTORIA N°4

Angola, o azar
ofereceu a
mulher com os
filhos para a
outra vida na terra.

Este é a real
historia.

A verdadeira
historia das
mãezinhas.

A natureza viu
e acabomos
escolhido pelo
azar da guerra

Este é a real
historia com
lagrimas familiar.

Vindo de alguma
parte do amor
com o fim triste.

Este é a real
historia vindo
da guerra com
a paz da vida.

69

A REAL HISTORIA Nº 5

Angola, o amor
e infância
completava a vida
espera da vez.

Nas praias com
o clima
oferecido
no meio da
guerra
invejável de Angola.

Este é a real
historia Angola.

Rica com suas
sorte nas
distribuições
das riquezas.

Deus fez com
tiros no ar que
pensavamos dia
1 de Janeiro.

CHICAMBA

Novo ano guerra
mais não!

foi os kotas da
guerra.

Este é a real
Historia.

AGRADECIMENTO

Portanto, mais uma vez venho agradecer primeiramente a Deus por todos os milagres acontecidos e os próximos da minha vida.

A minha família e amigos que ajudaram a completar esta jornada deste livro, é o meu terceiro livro e o segundo em lingua Portuguesa.

Mais uma vez, os meus fortes agradecimentos a todos os heróis nacionais do meu país, Angola, que não tem papel no mundo para escrever os nomes de todos.

Também heróis internacionais que já se foram e contribuíram pela revolução do povo negro como Martin Luther King Jr, Malcom X, Edward Wilmit Blyden, Zumbi dos Palmeres e etc.

A universidade, The Open University pelos livros que estudei e serviram de inspiração para escrever os meus próprios livros. Que percebi como é a vida literária ao ler vários poetas que formaram suas histórias na humanidade e especialmente o simbolo da nossa poesia Angolana, o poeta Agostinho Neto.

Além disso, fortes agradecimentos a todos os escritores da minha terra, Angola, pela mesma luta que infelizmente no tempo de pouco valor e crédito por causa do regime que assombra Angola.

Muito obrigado aos publicadores que aceitaram publicar as minhas obras em Inglês e português, mesmo com muita dificuldade os livros estão disponíveis aos público.

Meus leitores, Deus sempre olhou, olha sempre para nós e para realizarmos os nossos sonhos. Portanto, mais uma vez vou terminar as minhas poucas palavras, desejo ao nosso planeta saúde, paz, segurança, educação, amor e especialmente para minha terra Angola.

REFERENCES

www.club-k.net, www.angonoticias.com, www.angola24horas.com, www.makaangola.com e www.journalangolense.com

http://www.cphrc.org/index.php/documents/colonialwars/docang/85-1975-01-15-alvor-agreement-on-the-independence-of-angola

http://www.prweb.com/releases/2015/AngolaLightofPoet/prweb12473230.htm

http://www.globalsecurityorg/military/world/war/angola.htm

Prescott L. (Ed) (2010) *"The Voices and Texts of Authority"* (AA100 Book 04) The Open University Milton Keynes, MK7 6AA, United Kingdom.

Moohan E. (Ed) (2008) *"Reputation"* (AA100 Book01), The Open University Milton Keynes, MK7 6AA, United Kingdom.

Price C. (Ed) (2008) *"Tradition and Dissent"*, (AA100 Book 02) The Open University Milton Keynes, MK7 6AA, United Kingdom.

Brown, D. R (Ed) (2008) *"Culture Encounters"* (AA100 Book 03), The Open University Milton Keynes, MK7 6AA, United Kingdom.

Moohan E. (Ed) (2008) *"Place and Leisure"* (AA100 Book 04) The Open University Milton Keynes, MK7 6AA, United Kingdom.

O'Connor, J. (Ed) (2003) Doctor Faustus, Pearson Education Limited, Edinburgh Gate Harlow Essex, CM20 2JE.

Muldoon, P. (Ed) (2010) The Faber Book of Beats, contemporary Irish poetry lord Byron; selected poems.

New Revised Standard Version Bible, copyright 1989, Division of Christian Education of the National Council of Churches of Christ in the United States of America.

Carreiro, I. (Ed) (2005) Memoria, Editorial Nzila, Ltd. Rua Ndunduma, 308 – 2° Caixa Postal 3462 Luanda-Angola.

"http://www.wikipedia.com/"wikipedia.com

http://africasacountry.com/2013/01/25/the-story about-the-daughter-of-angolas-lo...

Marques, R, (Ed) (2011) Diamantes De Sangue. Corrupção e Turtura em Angola, Tintas-da-China.

www.ingramcontent.com/pod-product-compliance
Lightning Source LLC
Chambersburg PA
CBHW020009050426
42450CB00005B/389